D1867966

Vulkane

Ravensburger Buchverlag

Fotos und Illustrationen

(o = oben, u = unten, l = links, r = rechts, m = Mitte, v = vorn, h = hinten, T = Titel, H = Hintergrund)
Susanna Addario S. 13 u; Andrew Beckett/illustration S. 2, S. 18 o, S. 19, S. 27; Corel Corporation S. 9 or, S. 12, S. 14 H, S. 17 mr, S. 21 or, S. 22 ul, S. 23 or, S. 24 l, S. 25 r, S. 30, S. 4–32 Ränder, TH, Umschlag hinten; Digital Wisdom 6–7 H; Fiammetta Dogi S. 13 o; Mike Gorman S. 1; S. 10 l, S. 10–11; H. Peter Kesteven/illustration S. 26; Mike Lamble S. 22–23 m; Evert Ploeg S. 28–29; Oliver Rennert S. 3, S. 4–5, S. 6 u, S. 8–9 om, S. 20–21 m; Trevor Ruth S. 8–9 m, S. 24–25 m; Stephen Seymour/Bernard Thornton Artists UK S. 14 ol, S. 14–15 m; Umschlag vorne or; Kevin Stead S. 16–17 m, S. 17 o, Umschlag vorne m; Rod Westblade S. 18 ul.

Bibliografische Information Der Deutschen Bibliothek
Die Deutsche Bibliothek verzeichnet diese Publikation in der Deutschen Nationalbibliografie; detaillierte bibliografische Daten sind im Internet über http://dnb.ddb.de abrufbar.

3 2 1 05 04 03

© 2003 Ravensburger Buchverlag Otto Maier GmbH
für die deutsche Ausgabe
Alle Rechte, auch die des auszugsweisen Nachdrucks, der fotomechanischen Wiedergabe und der Übersetzung, vorbehalten.
Titel der Originalausgabe: The Planets
Copyright © Weldon Owen Pty Limited
Übersetzung: Ursula Klocker
Produktion: Herstellungs- und Redaktionsgemeinschaft Sabine Dohme und Ursula Klocker, München
Umschlaggestaltung: Klaus Bender
Printed in Germany
ISBN 3-473-35968-8

www.ravensburger.de

Inhalt

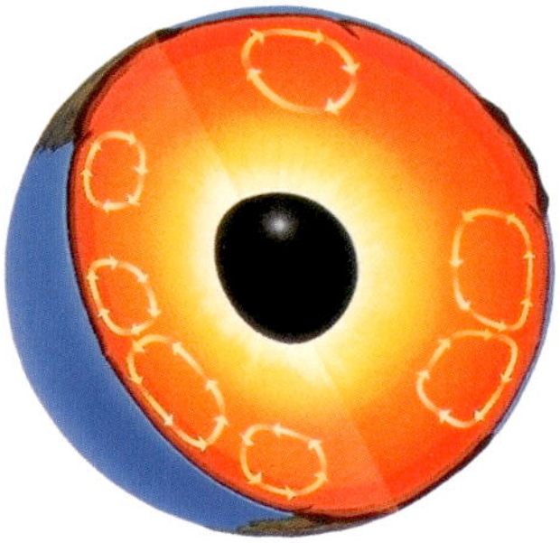

Ruhelose Erde 4

Plattenbewegung 6

Hot Spots 8

Vulkanausbruch 10

Bomben und Asche 15

Folgen des Ausbruchs 16

Schlammströme 18

Krater und Calderen 20

Vulkanlandschaft 22

Lavaströme 25

Berühmte Vulkane 27

Worterklärungen 30

Register 31

Ruhelose Erde

Weltraumfotos von der Erde zeigen, dass die Ostküste von Südamerika und die Westküste Afrikas wie die Teile eines Puzzles zusammenpassen. Die Geologen glauben, dass die Landmassen der Erde vor rund 250 Millionen Jahren einen einzigen Kontinent bildeten. Dieser zerfiel in die heutigen Erdteile. Sie sind in die so genannten Kontinentalplatten eingebettet und bewegen sich mit ihnen jedes Jahr um einige Zentimeter.

Vulkane
Wenn zwei Platten zusammenstoßen und sich übereinander schieben, schmilzt die untere Platte. Dabei kann ein Vulkan entstehen.

Vulkanische Inseln
Auch der Meeresboden ist in ständiger Bewegung. An manchen Stellen tritt Magma (geschmolzenes Gestein) aus dem Erdinneren auf, erhärtet und bildet vulkanische Inseln.

So entstehen Gebirge
Wenn zwei Kontinentalplatten aufeinander treffen, falten sich an ihren Rändern Gebirge auf. So ist auch das höchste Gebirge der Erde entstanden, der Himalaja in Asien.

Platten-bewegung

Die Kontinentalplatten treiben auf dem Erdmantel wie Balken auf einem See aus Sirup. An den Rändern der Platten, die aneinander reiben, sich ineinander verkeilen oder sich untereinander schieben, kommt es gehäuft zu Erdbeben und Vulkanausbrüchen. Durch die rissige Erdkruste tritt heißes Magma aus.

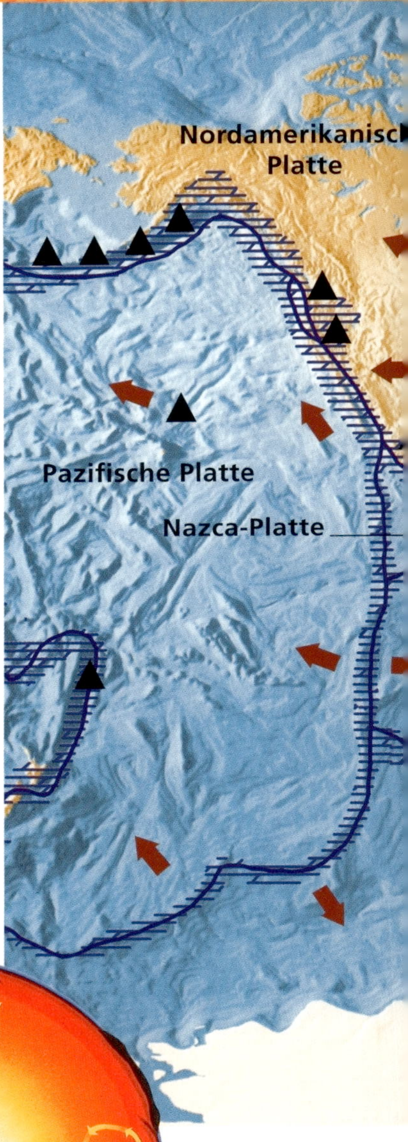

Der Aufbau der Erde
Die Erde setzt sich aus den drei Hauptschichten Kruste, Mantel und Kern zusammen. Kruste und obere Teile des Erdmantels bilden die Platten. Sie schwimmen auf einer zähflüssigen Gesteinsschicht, dem Magma. Die Pfeile der nebenstehenden Illustration zeigen Strömungen im oberen Erdmantel, die die Platten bewegen.

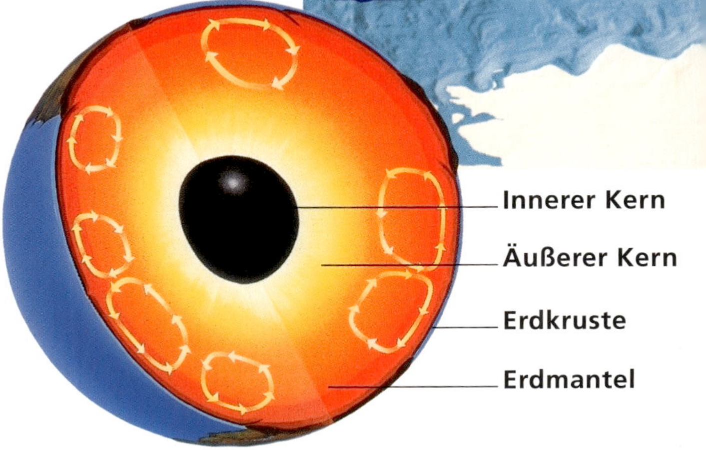

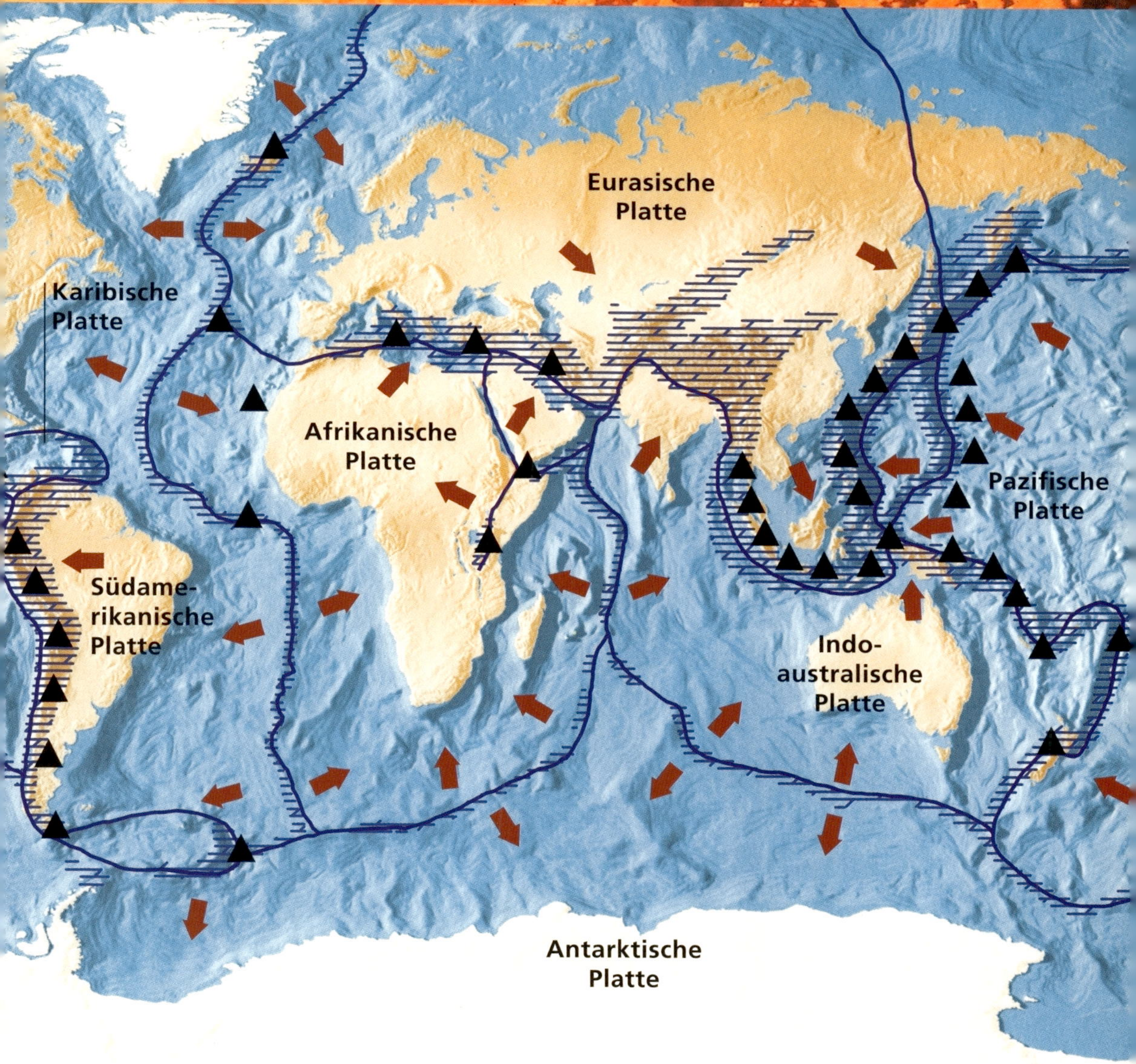

Bewegungsrichtung der Platten

Vulkane

Erdbebengebiete

Erdbeben entstehen, wenn Kontinentalplatten zusammenstoßen. An ihren Rändern baut sich dann ein ungeheurer Druck auf. Die Beben breiten sich wellenförmig aus und sind oft über hunderte von Kilometern zu spüren.

Vorkommen
Auf dieser Karte ist die Lage der wichtigsten Hot Spots eingetragen.

Hot Spots

Tief im Erdmantel gibt es Magmaströmungen, die sich in Richtung Erdoberfläche bewegen. Man nennt sie „Hot Spots“ (engl. Heißer Fleck). Hier sucht sich das Magma einen Weg durch die Erdkruste und entlädt sich in einem Vulkan. Durch die stetige Bewegung der Platten entstehen Vulkanreihen: Wenn sich ein Vulkan im Lauf der Zeit mit der Platte vom Hot Spot entfernt, erlischt er. Das Magma bahnt sich einen neuen Weg, steigt auf, durchbricht das Gestein und bildet einen neuen Vulkan.

Schon gewusst?

Das bekannteste Beispiel für Hot Spot-Vulkanismus sind die Hawaii-Inseln. Dieses Bild zeigt den Ausbruch des Kilauea auf Hawaii, dem zurzeit aktivsten Vulkan der Erde. Das Magma schießt in großen Fontänen in die Höhe.

Kleine Lavabomben

Große Lavabomben

Asche, Kohlestücke und Gas

Dünnflüssige Lava

Zähflüssige Lava

Vulkan-ausbruch

Vulkane entstehen, wenn Magma aus dem Erdinneren aufsteigt und sich in Kammern in der Erdkruste sammelt. Befindet sich die Magmakammer unter einem Riss oder Spalt in der Erdkruste, kann sich das Magma durch einen Schlot den Weg an die Erdoberfläche bahnen. Beim Ausbruch werden Gasmassen, Asche, Gesteinstrümmer und Lavabomben in die Luft befördert. Austretende Lava baut rund um den Schlot einen Kegel auf.

Aufbau von Vulkanen
Die Form eines Vulkans hängt von der Art der austretenden Lava ab. Zähflüssige Lava bildet steile Umlaufkegel, dünnflüssige Lava sanfte Hügel.

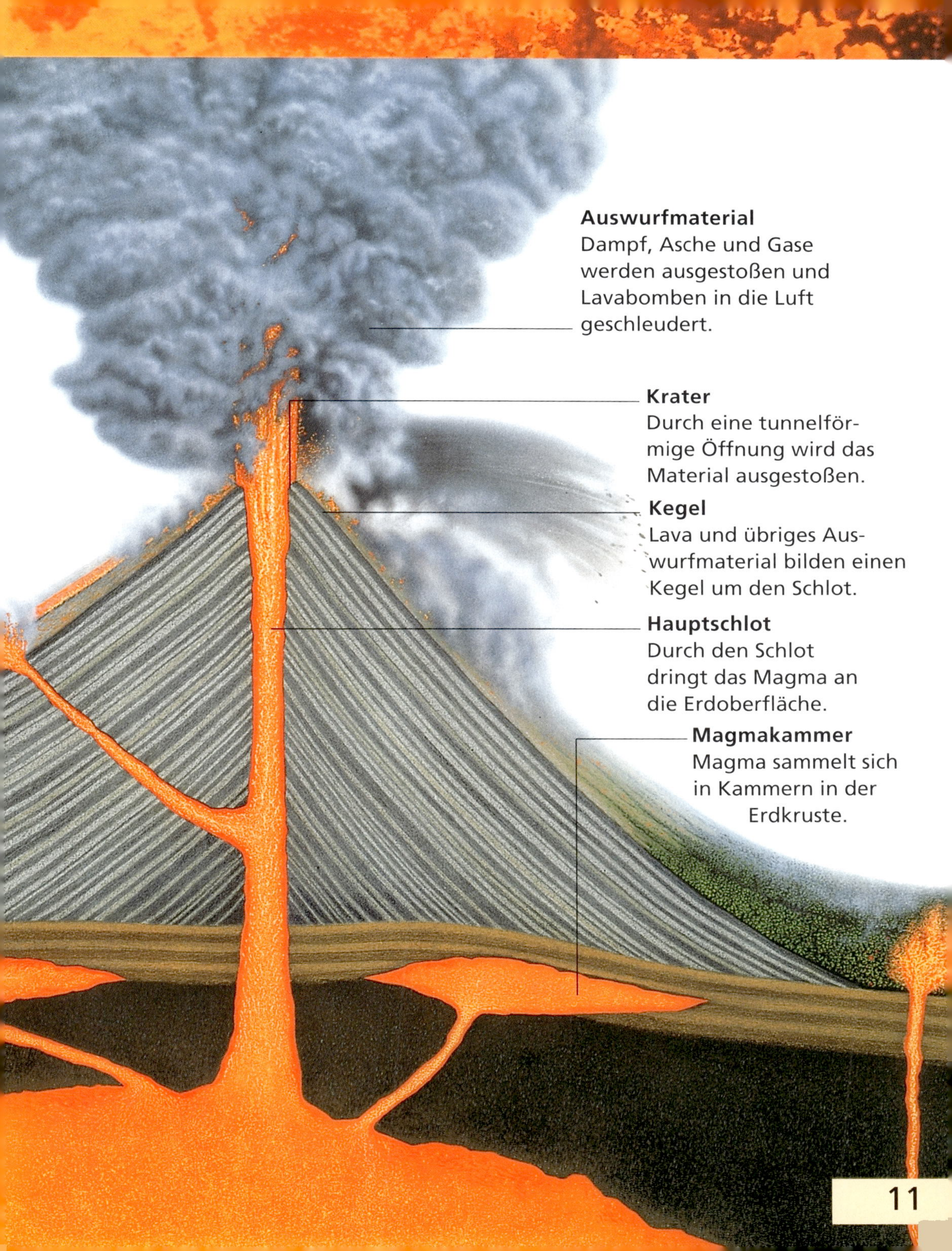
Auswurfmaterial
Dampf, Asche und Gase werden ausgestoßen und Lavabomben in die Luft geschleudert.
Krater
Durch eine tunnelförmige Öffnung wird das Material ausgestoßen.
Kegel
Lava und übriges Auswurfmaterial bilden einen Kegel um den Schlot.
Hauptschlot
Durch den Schlot dringt das Magma an die Erdoberfläche.
Magmakammer
Magma sammelt sich in Kammern in der Erdkruste.

Sobald das Magma das Erdinnere verlassen hat, wird es Lava genannt. Die zerstörerischen Ströme aus dem heißen Material begraben und verbrennen Wälder, Felder und Siedlungen. Auch Schlammströme können sich die Hänge hinabwälzen. Inselvulkane, die in sich zusammenstürzen, verursachen verheerende Flutwellen.

Man unterscheidet tätige, untätige und erloschene Vulkane. Tätige Vulkane, auch aktive Vulkane genannt, stoßen Asche, Gase und Magma aus. Untätige Vulkane befinden sich seit längerer Zeit in Ruhe, können aber jederzeit wieder ausbrechen. Von erloschenen Vulkanen droht keine Gefahr.

Glühende Gesteinsmassen
Ströme glühender Lava können ganze Landstriche zerstören. Wo Lava ins Meer fließt, erstarrt das Gestein und kann neues Land bilden.

Versuch: Ein Vulkanausbruch

1 Aus feuchter Erde oder Lehm wird ein Kegel geformt und die Spitze des Kegels abgetragen. Dann stellt man einen Becher als Krater auf den „Vulkankegel".

2 Nun gießt man eine viertel Tasse warmes Wasser in den Becher, gibt einen Esslöffel Backpulver, einige Tropfen rote Lebensmittelfarbe und etwas Spülmittel dazu. Zum Schluss wird eine viertel Tasse Essig hinzugefügt. Achtung, aktiver Vulkan!

Schon gewusst?

1983 begann auf Hawaii (Pazifik) der Ausbruch des Vulkans Kilauea, der bis heute andauert. Die im Meer erstarrten Lavaströme haben der Insel neues Land hinzugefügt.

Streuung
Das Vulkangestein verteit sich in der Umgebung des Vulkans. Größere Brocken fallen in der Nähe des Schlots nieder, kleinere Stücke werden weiter gestreut.

Ströme aus Asche
Dieser Strom aus Asche, Erde und Wasser hat eine Straße blockiert.

Bomben und Asche

Bei einem Vulkanausbruch strömt nicht nur flüssige Lava an die Erdoberfläche. Es werden auch Gase, Asche und vulkanisches Gestein herausgeschleudert. Dazu gehören die so genannten „Bomben“. Das ist Lava, die nach oben geschleudert wird, im Flug erkaltet und als Gesteinsbrocken zu Boden fällt.
Zu einem Ascheregen kommt es, wenn das vulkanische Gestein bei einer Explosion unter hohem Druck in Abermillionen winzige Stücke zerrissen wird.

Folgen des Ausbruchs

Ein Vulkanausbruch kann katastrophale Auswirkungen auf eine Region haben. Häufig treten dabei starke Winde auf. Asche und Gase, die in die Luft geschleudert und verteilt werden, lassen nur noch einen Bruchteil des Sonnenlichts zur Erde dringen. Deshalb sinken dort die Temperaturen.

Asche, die sich in der Luft befindet, erschwert den Menschen das Atmen. Fällt Regen, wird die Asche ausgewaschen und bedeckt den Boden mit einer schwarzgrauen Schlammschicht. Bei einem Ausbruch können auch giftige Gase frei werden, die Menschen und Tiere töten.

Weltweite Auswirkung

Vulkane können Asche- und Gasteilchen bis in die obere Schicht der Atmosphäre schleudern. Da es dort keine Wolken gibt, werden die Teilchen nicht abgeregnet. Starke Winde können sie über die ganze Erde verteilen.

Zerstörte Natur
Vulkanausbrüche haben verheerende Folgen für die Tier- und Pflanzenwelt. Der extremen Hitze fällt nahezu alles Leben zum Opfer.

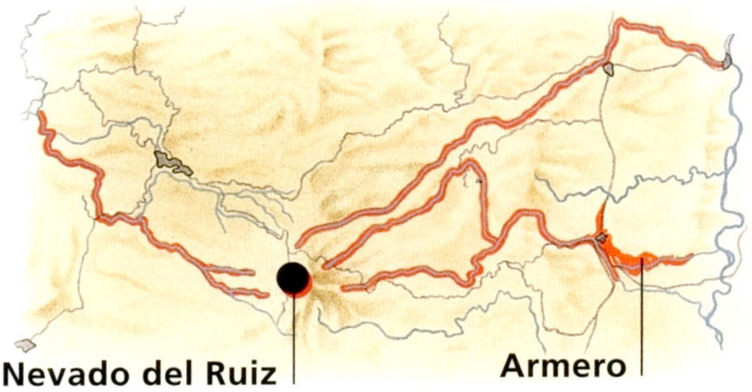

Nevado del Ruiz
Als der kolumbianische Vulkan Nevado del Ruiz im Jahr 1985 ausbrach, schoss Schmelzwasser durch enge Flusstäler und nahm dabei Asche und Gestein mit. Der Schlammstrom bewegte sich auf die 50 Kilometer entfernte Stadt Armero zu und begrub sie unter sich. Dabei starben mehr als 23 000 Menschen.

Schlammströme

Im Verlauf eines Vulkanausbruchs können gewaltige Wassermassen freigesetzt werden. So zum Beispiel, wenn Eis und Schnee auf dem Vulkangipfel schmelzen oder wenn ein Kratersee durch den Ausbruch entleert wird. Diese Wassermengen stürzen die Hänge hinab, nehmen dabei Asche und Erde mit und verdicken zu Schlammströmen. Die Masse nimmt auch Gesteinsbrocken auf und donnert mit zunehmender Geschwindigkeit in die Täler. Einen solchen Schlammstrom nennen die Geologen „Lahar“.

Vorbeugende Maßnahmen
Mit Hilfe von gewaltigen Stahlkonstruktionen, die um Vulkane gebaut werden, sollen Schlammströme verlangsamt werden. Die Menschen sollen die gefährdeten Regionen rechtzeitig verlassen können.

1. Entstehung einer Caldera
Bei einem explosionsartigen Vulkanausbruch dringen große Lavamengen über den Hauptschlot an die Oberfläche.

2. Druckabfall
Restliches Magma, das sich noch in den Schloten befindet, sinkt in die Magmakammer zurück.

Krater und Calderen

Man unterscheidet bei der Senke, die sich am Gipfel eines Vulkans bildet, zwischen einem Krater und einer Caldera. Unter einem Krater versteht man eine schüssel- oder trichterförmige Senke, die weniger als einen Kilometer Durchmesser hat. In ihr liegt häufig der Hauptschlot. Bei einer Caldera handelt es sich um ein mehr als ein Kilometer weites Becken mit steilen Wänden. Es entsteht meist durch einen Einsturz. Die größte Caldera liegt auf der japanischen Insel Kyushu und ist 20 Kilometer breit.

3. Hohlraum
Haupt- und Nebenschlote leeren sich. Die Hohlräume sind nicht mehr stabil.

Kratersee
In Kratern und Calderen von ruhenden oder erloschenen Vulkanen können sich Seen bilden. Sie werden aus Schmelz- oder Regenwasser gespeist.

4. Zusammenbruch
Ein Teil des Vulkans bricht in sich zusammen. Ein großes kreisförmiges Becken, die Caldera, entsteht.

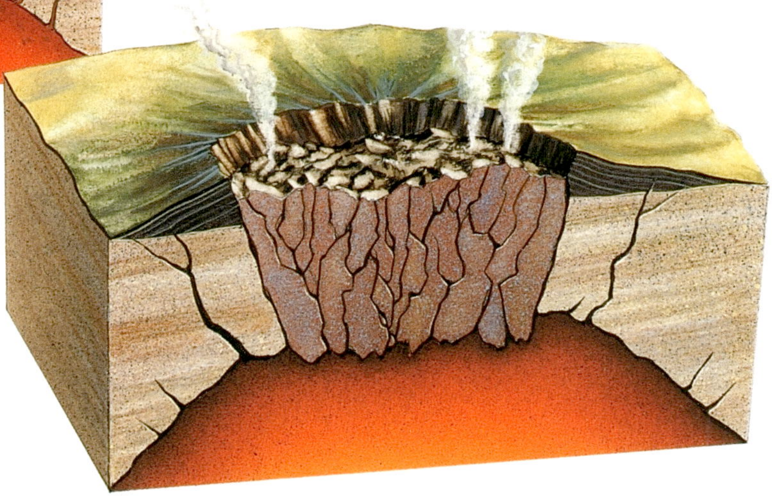

Vulkanlandschaft

Vulkane schaffen faszinierende Landschaften. Eines der bekanntesten Beispiele ist die Region Kappadokien in der Türkei. Zwei Vulkane haben das Gebiet mit einer weichen Tuffsteinschicht überzogen. Durch Wind und Wasser wurde das poröse Gestein im Lauf der Jahrtausende abgetragen. So bildeten sich hohe Kegel und Pyramiden. An manchen Stellen wurde der Tuff von härterem Gestein überlagert, sodass pilzähnliche Formationen entstanden (rechts).

Schlote
Aus dem südalgerischen Ahaggar-Gebirge ragen diese Zeugen gewaltiger Vulkanausbrüche auf. Es handelt sich dabei um erstarrtes Magma, das nach dem Ausbruch des Vulkans im Schlot verblieben ist. Durch Erosion wurde der Vulkankegel weitgehend abgetragen. Nur der widerstandsfähige Inhalt des Schlots konnte Wind und Wetter trotzen.

Schon gewusst?

Geysire und brodelnde Schlammlöcher, wie man sie beispielsweise im Yellowstone National Park in den USA findet, gehen ebenfalls auf vulkanische Tätigkeit zurück.

Lavaformen
Lava kann sich über Gegenstände legen und diese nachformen. Dieses Bild zeigt Lava, die einen Baum umhüllt.

Lavaströme

Rot glühende Lava, die aus einem Vulkan strömt, ist ein beeindruckendes Naturschauspiel. Bis zu 50 Kilometer in der Stunde wälzt sich die Schmelze voran und hinterlässt eine Schneise der Zerstörung. Es gibt zwei Haupttypen von Lava. Sie werden mit hawaiischen Namen als Aa-Lava und Pahoehoe-Lava benannt. Aa-Lava ist durch unregelmäßige scharfkantige Brocken in der Oberfläche gekennzeichnet. Pahoehoe-Lava ist wesentlich dünnflüssiger und besitzt eine glatte oder nur leicht runzelige Oberfläche.

Lavaröhren

Manchmal kühlt die Oberfläche eines Lavastroms aus und verkrustet. So bildet sich ein Tunnel, durch den weiterhin Schmelze mit hoher Geschwindigkeit strömt. Endet der Ausbruch, fließt keine Lava mehr nach. Übrig bleibt ein langer Hohlraum in den erstarrten Lavaströmen. Beispiele dafür gibt es auf der Insel Lanzarote.

Ascheregen

Als vor rund 2000 Jahren der Vesuv ausbrach, versuchten die Bewohner Pompejis, sich auf das Meer zu retten. Doch Asche und Gestein begruben viele Menschen unter sich.

Berühmte Vulkane

Die bekanntesten Vulkane Europas sind der Vesuv und Ätna in Italien. Der Vesuv zerstörte im Jahr 79 nach Christus die römischen Städte Pompeji und Herculaneum. Als man vor 250 Jahren mit Ausgrabungen begann, fand man unter der Ascheschicht gut erhaltene Häuser, Straßen und Gegenstände. So konnte man sehr genaue Erkenntnisse über das Leben in antiken Städten gewinnen. Der Vesuv ist nach der Katastrophe von Pompeji und Herculaneum noch mehrmals ausgebrochen, zuletzt 1944. Auch der Ätna auf Sizilien macht immer wieder von sich reden. Der größte aktive Vulkan Europas brach zum letzten Mal im Jahr 2001 aus.

Ein Vulkan im Hinterhof
Im Januar 1973 bildete sich nahe der isländischen Hafenstadt Vestmannaeyjar ein neuer Vulkan, der Eldfell.

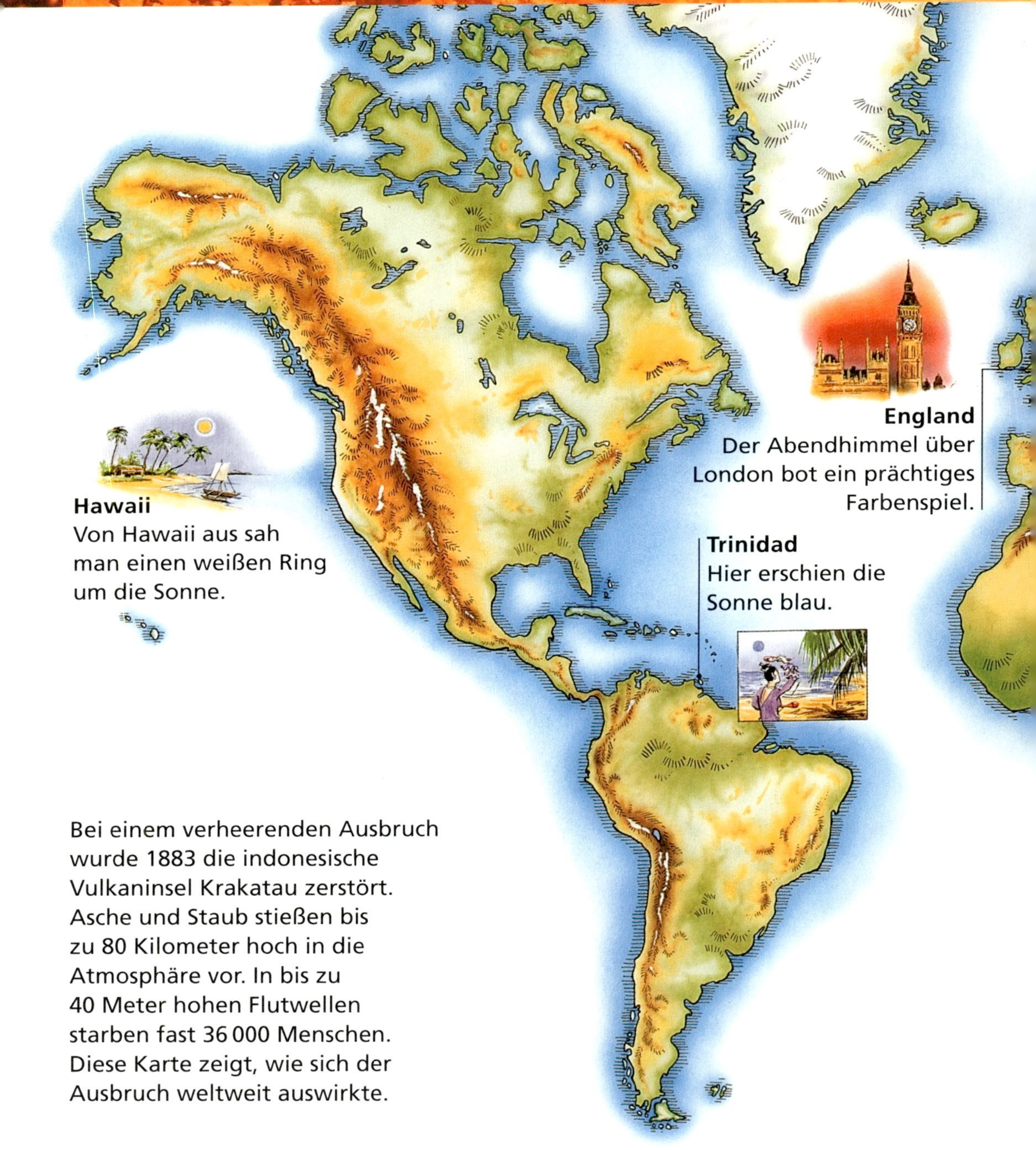

Hawaii
Von Hawaii aus sah man einen weißen Ring um die Sonne.

England
Der Abendhimmel über London bot ein prächtiges Farbenspiel.

Trinidad
Hier erschien die Sonne blau.

Bei einem verheerenden Ausbruch wurde 1883 die indonesische Vulkaninsel Krakatau zerstört. Asche und Staub stießen bis zu 80 Kilometer hoch in die Atmosphäre vor. In bis zu 40 Meter hohen Flutwellen starben fast 36 000 Menschen. Diese Karte zeigt, wie sich der Ausbruch weltweit auswirkte.

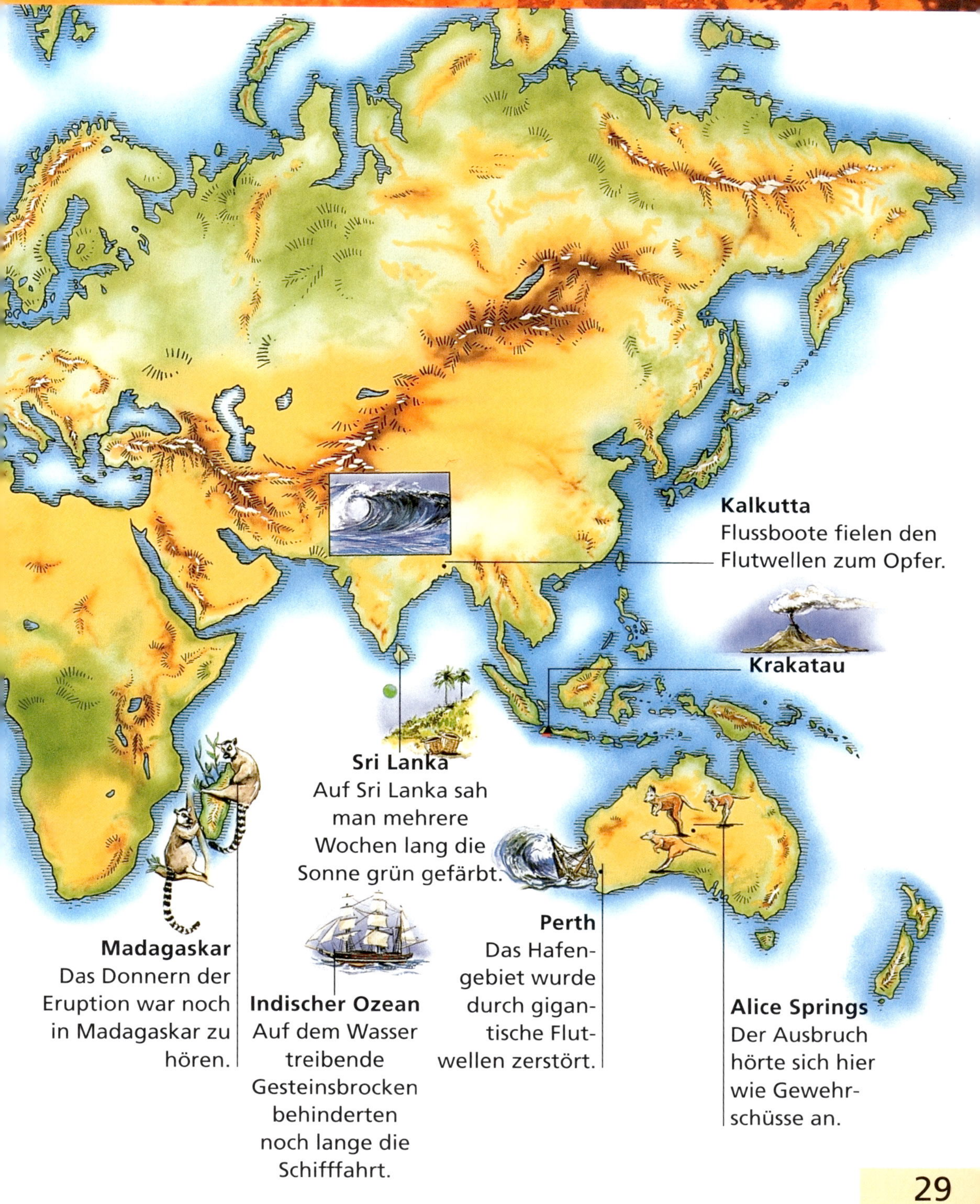
Kalkutta
Flussboote fielen den Flutwellen zum Opfer.
Krakatau
Sri Lanka
Auf Sri Lanka sah man mehrere Wochen lang die Sonne grün gefärbt.
Madagaskar
Das Donnern der Eruption war noch in Madagaskar zu hören.
Indischer Ozean
Auf dem Wasser treibende Gesteinsbrocken behinderten noch lange die Schifffahrt.
Perth
Das Hafengebiet wurde durch gigantische Flutwellen zerstört.
Alice Springs
Der Ausbruch hörte sich hier wie Gewehrschüsse an.

Worterklärungen

Atmosphäre Dünne Gasschicht, die die Erde umhüllt

Erdkern Fester Erdmittelpunkt aus Nickeleisen

Erdkruste Äußerste Schicht der Erde

Erdmantel Zone des Erdinneren zwischen Kruste und Kern

Erosion Wird Gestein durch Wind und Wasser abgetragen, spricht man von Erosion.

Geysir Heiße Quelle, die von Grundwasser gespeist wird. Dieses wird erhitzt und in regelmäßigen Abständen ausgeschleudert.

Hot Spot Magmaströmung im Erdmantel, über der im Lauf von Jahrmillionen Vulkanreihen entstehen, weil sich die Erdkruste über den Hot Spot hinwegbewegt

Kontinentalplatte Bruchstück der Erdkruste, das sich langsam auf dem Erdmantel bewegt

Lava Bei Vulkanausbrüchen austretendes Magma

Lavabomben Lavafetzen, die an der Luft erkalten, hart werden und so zu Geschossen werden

Magma Heißes, geschmolzenes Gestein im Erdinneren

Register

Aa-Lava 25
Armero 18
Asche 14, 15, 16, 17, 26, 27
Atmosphäre 17
Ätna 27

Bomben 10, 15

Caldera 20, 21

Eldfell 27
Erdkruste 6, 8
Erloschener Vulkan 12

Flutwelle 12

Geysir 23

Hawaii 9, 13
Herculaneum 27
Hot Spots 8

Kappadokien 22
Kilauea 9, 13
Krakatau 28
Kratersee 21

Lahar 18
Lava 10, 11, 12, 13, 15, 24, 25
Lavabombe 10, 15
Lavaröhren 25

Magmakammer 10

Nevado del Ruiz 18

Pahoehoe-Lava 25
Plattenbewegung 6
Pompeji 27

Schlammloch 23
Schlot 10, 11, 22

Tätiger Vulkan 12

Vesuv 27

RAVENSBURGER KINDER BIBLIOTHEK

Erstes Sachwissen für Leseanfänger

Dein Körper
Erste einfache Informationen über den Körper, die Organe und ihre Funktionen: Aufbau und Aufgaben des Gehirns, der Knochen und Muskeln, der Haut und Sinnesorgane.
ISBN 3-473-**35964**-5

Haie und Rochen
Erste Sachinformationen über Haie und Rochen: Wie sie aussehen, wo sie vorkommen, wie sie sich verhalten.
ISBN 3-473-**35965**-3

Indianer
Erstes Wissen über das Leben der Prärieindianer: Wo sie lebten, wie sie wohnten, welchen Glauben sie hatten.
ISBN 3-473-**35966**-1

Sterne und Planeten
Erste Vermittlung von Informationen über das Weltall und die Gestirne: wie sie entstanden sind, welche Planeten das Sonnensystem bilden, wie das All erforscht wird.
ISBN 3-473-**35967**-X

Vulkane
Erstes Sachwissen über die gewaltigen Kräfte unter der Erdoberfläche: In welchen Regionen der Erde es Vulkane gibt, wie sie entstehen und aufgebaut sind, warum sie ausbrechen können.
ISBN 3-473-**35968**-8

Wilde Tiere
Erste Informationen über die faszinierendsten Tiere in ihren Lebensräumen: die typischen Merkmale und Verhaltensweisen von Walen, Affen, Elefanten, Bären oder Raubkatzen.
ISBN 3-473-**35969**-6